大方廣佛華嚴經 讀誦

32

❀ 일러두기

1. 『독송본 한문·한글역 대방광불화엄경』은 실차난타가 한역(695~699)한 80권 『대방광불화엄경』의 한문 원문과 한글역을 함께 수록한 것이다. 한문에는 음사와 현토를 부기하였다.

2. 원문의 저본은 고종 2년(1865) 월정사에서 인경한 고려대장경 『대방광불화엄경』에 한암 스님이 현토(1949년)한 것을 범룡 스님이 영인 출판(1990년)한 『대방광불화엄경』이다.

3. 한문은 저본에서 누락되었거나 글자가 다르다고 판단된 부분은 저본인 고려대장경 각권의 말미에 교감되어 있는 내용을 중심으로 하고 봉은사판 『대방광불화엄경수소연의초』와 신수대장경 각주에서 밝힌 교감본을 참조하여 보입하고 수정하였다.

4. 한글 번역은 동국역경원에서 발간한 한글 『대방광불화엄경』(운허)을 중심으로 하고 『신화엄경합론』(탄허)과 『대방광불화엄경 강설』(여천무비) 그리고 최근의 여타 번역본 등을 참조하였다.

5. 저본의 원문에서 이체자의 경우 훈글이 제공하는 이체자는 그대로 살리고 훈글이 제공하지 않는 글자는 통용되는 정자로 바꾸었다. 예) 閒 → 閒 / 焔 → 燄 / 宮 → 宮 / 偁 → 稱

6. 한글 번역은 독송과 사경을 위하여 정확성과 아울러 가독성을 고려하였다. 극존칭은 부처님과 불경계에 대해서만 사용하였다.

7. 독송본의 차례는 일러두기 → 본문 → 화엄경 목차 → 간행사의 순차이다.
   (법공양판에는 간행사 다음에 간행불사 동참자를 밝혀 두었다.)

8. 독송본의 한글역은 사경의 편의를 도모하기 위해 그 편집을 달리하여 『사경본 한글역 대방광불화엄경』으로 함께 간행한다. 독송본과 사경본 모두 80권 『대방광불화엄경』의 권별 목차 순으로 간행한다.

독송본 한문·한글역

대방광불화엄경 제32권
大方廣佛華嚴經 卷第三十二

25. 십회향품 [10]
十迴向品 第二十五之十

실차난타 한역
수미해주 한글역

대방광불화엄경 제32권 변상도

대방광불화엄경
제32권

25. 십회향품 [10]

대방광불화엄경 권제삼십이
大方廣佛華嚴經 卷第三十二

십회향품 제이십오지십
十迴向品 第二十五之十

불자 운하위보살마하살 등법계무량회
佛子야 云何爲菩薩摩訶薩의 等法界無量迴

향
向고

불자 차보살마하살 이이구증 이계기
佛子야 此菩薩摩訶薩이 以離垢繒으로 而繫其

대방광불화엄경 제32권

25. 십회향품 [10]

"불자들이여, 무엇을 보살마하살의 법계와 같은 한량없는 회향이라 하는가?

불자들이여, 이 보살마하살이 깨끗한 비단으로 그 정수리에 매고 법사의 지위에 머물러 법

정　　주법사위　　광행법시
頂하고 住法師位하야 廣行法施하니라

기대자비　　안립중생어보리심　　상행요
起大慈悲하야 安立衆生於菩提心하며 常行饒

익　　무유휴식　　이보리심　　장양선근
益하야 無有休息하며 以菩提心으로 長養善根하며

위제중생　　작조어사　　시제중생일체지
爲諸衆生하야 作調御師하야 示諸衆生一切智

도
道하니라

위제중생　　작법장일　　선근광명　　보조
爲諸衆生하야 作法藏日하야 善根光明으로 普照

일체　　어제중생　　기심평등　　수제선행
一切하며 於諸衆生에 其心平等하야 修諸善行하야

무유휴식　　심정무염　　지혜자재　　불사
無有休息하며 心淨無染하야 智慧自在하야 不捨

보시를 널리 행한다.

큰 자비를 일으켜 중생들을 보리심에 편안히 머무르게 하며, 항상 요익을 행하여 쉬지 아니하며, 보리심으로 선근을 기르며, 모든 중생들을 위하여 조어사가 되어서 모든 중생들에게 일체지의 길을 보인다.

모든 중생들을 위하여 법장의 태양이 되어서 선근의 광명으로 일체를 널리 비추며, 모든 중생들에게 그 마음이 평등하여 모든 선행을 닦아 쉬지 아니하며, 마음이 깨끗하여 물듦이 없어서 지혜가 자재하여 일체 선근의 도업을 버리지 아니한다.

일체선근도업
一切善根道業하나니라

작제중생　　대지상주　　　보령득입안은정
作諸衆生의　大智商主하야　普令得入安隱正

도　　위제중생　　이작도수　　　영수일체선
道하며　爲諸衆生하야　而作導首하야　令修一切善

근법행　　위제중생　　작불가괴견고선우
根法行하며　爲諸衆生하야　作不可壞堅固善友하야

영기선근　　증장성취
令其善根으로　增長成就나라

불자　　차보살마하살　　이법시위수　　　발생
佛子야　此菩薩摩訶薩이　以法施爲首하야　發生

일체청정백법　　섭수취향일체지심　　　수
一切淸淨白法하야　攝受趣向一切智心하며　殊

　모든 중생들에게 큰 지혜 있는 상단 주인이
되어서 널리 안온하고 바른 길에 들어가게 하
며, 모든 중생들을 위하여 인도하는 상수가
되어서 일체 선근의 법과 행을 닦게 하며, 모
든 중생들을 위하여 깨뜨릴 수 없는 견고한 선
우가 되어서 그 선근이 증장하여 성취케 한다.

　불자들이여, 이 보살마하살이 법보시를 으뜸
으로 하여 일체 청정한 백법을 내고, 섭수하
여 일체지의 마음에 나아가며, 수승한 원력이
끝까지 견고하며, 성취하고 더욱 더하여 큰 위
덕을 갖추며, 선지식을 의지하여 마음에 아첨

승원력　구경견고　　성취증익　　구대위
勝願力이 究竟堅固하며 成就增益하야 具大威

덕　　의선지식　　심무첨광　　사유관찰일
德하며 依善知識하야 心無諂誑하며 思惟觀察一

체지문무변경계
切智門無邊境界하나니라

이차선근　　여시회향
以此善根으로 如是迴向하나니라

원득수습　　성취증장광대무애일체경계
願得修習하야 成就增長廣大無礙一切境界하며

원득어불정교지중　　내지청문일구일게
願得於佛正敎之中에 乃至聽聞一句一偈라도

하고 속임이 없으며, 일체지의 문과 가없는 경계를 사유하고 관찰한다.

이 선근으로 이와 같이 회향한다.

닦아 익힘을 얻어서 광대하고 걸림 없는 일체 경계를 성취하고 증장케 하기를 원하며, 부처님의 바른 가르침 가운데 내지 한 문구나 한 게송만 들어도 받아 지니고 연설할 수 있기를 원하며, 법계와 더불어 동등한 한량없고 가없는 일체 세계의 과거와 미래와 현재의 일체 모든 부처님을 생각하며, 이미 생각하고서

수지연설　　　원득억념여법계등　　무량무변
受持演說하며 願得憶念與法界等한 無量無邊

일체세계　　거래현재일체제불　　기억념
一切世界의 去來現在一切諸佛하고 旣憶念

이　수보살행
已에 修菩薩行하나라

우원이차염불선근　　　위일중생　　　어일세
又願以此念佛善根으로 爲一衆生하야 於一世

계　진미래겁　　　수보살행　　여어일세
界에 盡未來劫토록 修菩薩行이니 如於一世

계　　진법계허공계일체세계　　개역여시
界하야 盡法界虛空界一切世界에도 皆亦如是하며

여위일중생　　위일체중생　　역부여시
如爲一衆生하야 爲一切衆生도 亦復如是하나라

는 보살행을 닦기를 원한다.

또 이 부처님을 생각하는 선근으로 한 중생을 위하여 한 세계에서 미래겁이 다하도록 보살의 행을 닦고 한 세계에서와 같이 온 법계와 허공계의 일체 세계에서도 다 또한 이와 같이 하며, 한 중생을 위하는 것과 같이 일체 중생을 위해서도 또한 다시 이와 같이 한다.

좋은 방편으로 낱낱이 다 위하되 미래겁이 다하도록 큰 서원으로 장엄하여 마침내 부처님과 선지식을 떠날 생각이 없으며, 항상 모든

이선방편　　일일개위　　진미래겁　　대서장
以善方便으로 **一一皆爲**호대 **盡未來劫**토록 **大誓莊**

엄　　종무이불선지식상　　상견제불　　현재
嚴하야 **終無離佛善知識想**하며 **常見諸佛**이 **現在**

기전　　무유일불　　출흥어세　　부득친근
其前호대 **無有一佛**도 **出興於世**에 **不得親近**하니라

일체제불　　급제보살　　소찬소설청정범행
一切諸佛과 **及諸菩薩**의 **所讚所說淸淨梵行**을

서원수행　　실령원만
誓願修行하야 **悉令圓滿**하나니라

소위불파범행　　불결범행　　부잡범행　　무점
所謂不破梵行과 **不缺梵行**과 **不雜梵行**과 **無點**

범행　　무실범행　　무능폐범행　　불소찬범
梵行과 **無失梵行**과 **無能蔽梵行**과 **佛所讚梵**

부처님께서 그 앞에 나타나심을 보며, 한 부처님도 세상에 출현하심에 친근하지 못함이 없기를 원한다.

일체 모든 부처님과 모든 보살들이 찬탄하고 말씀하신 청정한 범행을 서원하고 수행하여 모두 원만하게 한다.

이른바 파괴되지 않는 범행과 모자람 없는 범행과 잡되지 않은 범행과 티 없는 범행과 잃음이 없는 범행과 가릴 수 없는 범행과 부처님께서 칭찬하시는 바 범행과 의지할 바 없는 범행과 얻을 것 없는 범행과 보살의 청정을 더욱

행　무소의범행　무소득범행　증익보살
行과 無所依梵行과 無所得梵行과 增益菩薩

청정범행
淸淨梵行이니라

삼세제불소행범행　무애범행　무착범행
三世諸佛所行梵行과 無礙梵行과 無著梵行과

무쟁범행　무멸범행　안주범행　무비범
無諍梵行과 無滅梵行과 安住梵行과 無比梵

행　무동범행　무란범행　무에범행
行과 無動梵行과 無亂梵行과 無恚梵行이니라

불자　보살마하살　약능위기　수행여시
佛子야 菩薩摩訶薩이 若能爲己하야 修行如是

청정범행　즉능보위일체중생
淸淨梵行하면 則能普爲一切衆生하나니라

더하는 범행이다.

삼세의 모든 부처님께서 행하시는 범행과 걸림이 없는 범행과 집착이 없는 범행과 다툼이 없는 범행과 멸함이 없는 범행과 편안히 머무르는 범행과 견줄 데 없는 범행과 흔들림이 없는 범행과 산란함이 없는 범행과 성냄이 없는 범행이다.

불자들이여, 보살마하살이 만약 자기를 위하여 이와 같이 청정한 범행을 수행하면 곧 능히 널리 일체 중생을 위하게 된다.

일체 중생이 다 편안히 머무르게 하며, 일체

영일체중생　　개득안주　　영일체중생
令一切衆生으로　皆得安住하며　令一切衆生으로

개득개효　　영일체중생　　개득성취　　　영
皆得開曉하며　令一切衆生으로　皆得成就하며　令

일체중생　　개득청정　　영일체중생　　　개
一切衆生으로　皆得淸淨하며　令一切衆生으로　皆

득무구　　영일체중생　　개득조명　　　영일
得無垢하며　令一切衆生으로　皆得照明하며　令一

체중생　　이제진염
切衆生으로　離諸塵染하나라

영일체중생　　무제장예　　영일체중생
令一切衆生으로　無諸障翳하며　令一切衆生으로

이제열뇌　　영일체중생　　이제전박　　　영
離諸熱惱하며　令一切衆生으로　離諸纏縛하며　令

일체중생　　영리제악　　영일체중생　　　무
一切衆生으로　永離諸惡하며　令一切衆生으로　無

중생이 다 밝게 알게 하며, 일체 중생이 다 성취케 하며, 일체 중생이 다 청정케 하며, 일체 중생이 다 때가 없게 하며, 일체 중생이 다 밝게 비춤을 얻게 하며, 일체 중생이 모든 물듦을 여의게 한다.

일체 중생이 모든 막힘이 없게 하며, 일체 중생이 모든 뜨거운 번뇌를 여의게 하며, 일체 중생이 모든 얽힘과 속박을 여의게 하며, 일체 중생이 모든 악을 영원히 여의게 하며, 일체 중생이 모든 괴로움과 해침이 없고 끝까지 청정케 한다.

무슨 까닭인가?

제뇌해　　필경청정
諸惱害하야 畢竟淸淨이니라

하이고
何以故오

보살마하살　　자어범행　　불능청정　　불능
菩薩摩訶薩이 自於梵行에 不能淸淨이면 不能

영타　　이득청정　　자어범행　　이유퇴전
令他로 而得淸淨하며 自於梵行에 而有退轉이면

불능영타　　무유퇴전
不能令他로 無有退轉하나니라

자어범행　　이유실괴　　불능영타　　무유실
自於梵行에 而有失壞면 不能令他로 無有失

괴　　자어범행　　이유원리　　불능영타　　상
壞하며 自於梵行에 而有遠離면 不能令他로 常

불원리
不遠離하나니라

보살마하살이 자기가 범행에 능히 청정하지 못하면 능히 다른 이로 하여금 청정함을 얻게 하지 못하며, 자기가 범행에서 퇴전함이 있으면 능히 다른 이로 하여금 퇴전함이 없게 하지 못한다.

자기가 범행에 잘못됨이 있으면 다른 이로 하여금 잘못됨이 없게 하지 못하며, 자기가 범행에서 멀리 떠남이 있으면 능히 다른 이로 하여금 항상 멀리 떠나지 않게 하지 못한다.

자기가 범행에 게으름이 있으면 능히 다른 이로 하여금 게으름을 내지 않게 하지 못하

자어범행　이유해태　불능영타　불생해
自於梵行에 而有懈怠면 不能令他로 不生懈

태　자어범행　불생신해　불능영타　심
怠하며 自於梵行에 不生信解면 不能令他로 心

생신해
生信解하나라

자어범행　이불안주　불능영타　이득안
自於梵行에 而不安住면 不能令他로 而得安

주　자어범행　이불증입　불능영타　심
住하며 自於梵行에 而不證入이면 不能令他로 心

득증입
得證入하나라

자어범행　이유방사　불능영타　항불방
自於梵行에 而有放捨면 不能令他로 恒不放

사　자어범행　이유산동　불능영타　심
捨하며 自於梵行에 而有散動이면 不能令他로 心

며, 자기가 범행에 믿음과 이해를 내지 않으면 능히 다른 이로 하여금 마음에 믿음과 이해를 내게 하지 못한다.

자기가 범행에 편안히 머무르지 않으면 능히 다른 이로 하여금 편안히 머무르게 하지 못하며, 자기가 범행에 증득하여 들어가지 않으면 능히 다른 이로 하여금 마음이 증득하여 들어가게 하지 못한다.

자기가 범행을 놓아 버리면 능히 다른 이로 하여금 항상 놓아 버리지 않게 하지 못하며, 자기가 범행에 흔들림이 있으면 능히 다른 이로 하여금 마음이 흔들리지 않게 하지 못한

불 산 동
不散動이니라

하 이 고
何以故오

보살마하살　　주무도행　　　설무도법　　소
菩薩摩訶薩이　住無倒行하야사　說無倒法하며　所

언성실　　　여설수행　　정신구의　　　이제
言誠實하야사　如說修行하며　淨身口意하야사　離諸

잡염　　주무애행　　　멸일체장
雜染하며　住無礙行하야사　滅一切障이니라

보살마하살　　자득정심　　　위타연설청
菩薩摩訶薩이　自得淨心하야사　爲他演說淸

정심법　　자수화인　　이제선근　　조복
淨心法하며　自修和忍하야　以諸善根으로　調伏

다.

무슨 까닭인가?

보살마하살이 전도됨이 없는 행에 머물러야 전도됨이 없는 법을 설하며, 말하는 것이 성실하여야 말한 대로 수행하며, 몸과 입과 뜻을 깨끗이 하여야 모든 물듦을 여의며, 걸림 없는 행에 머물러야 일체 장애를 멸한다.

보살마하살이 스스로 깨끗한 마음을 얻어야 다른 이를 위하여 청정한 마음의 법을 연설하며, 스스로 화평하고 참음을 닦아 모든 선근으로 그 마음을 조복하여야 다른 이로 하여금

기심　　　　영타화인　　　이제선근　　　　조복기
其心하야사　令他和忍하야　以諸善根으로　調伏其

심
心하니라

자리의회　　　　역령타인　　　　영리의회　　　자
自離疑悔하야사　亦令他人으로　永離疑悔하며　自

득정신　　　　역령타　　득불괴정신　　　자주정
得淨信하야사　亦令他로　得不壞淨信하며　自住正

법　　　역령중생　　안주정법
法하야사　亦令衆生으로　安住正法이니라

불자　　보살마하살　　부이법시소생선근
佛子야　菩薩摩訶薩이　復以法施所生善根으로

화평하고 참아서 모든 선근으로 그 마음을 조
복하게 한다.

스스로 의혹과 뉘우침을 여의어야 또한 다른
사람으로 하여금 의혹과 뉘우침을 길이 여의
게 하며, 스스로 깨끗한 신심을 얻어야 또한
다른 이로 하여금 깨끗한 신심을 깨뜨리지 않
게 하며, 스스로 바른 법에 머물러야 또한 중
생들로 하여금 바른 법에 편안히 머무르게 한다.

불자들이여, 보살마하살이 다시 법을 보시하
여 생긴 선근으로 이와 같이 회향한다.

여시회향
如是迴向하나니라

소위원아획득일체제불무진법문　보위중
所謂願我獲得一切諸佛無盡法門하고　普爲衆

생　　분별해설　　개령환희　　심득만족
生하야　分別解說호대　皆令歡喜하야　心得滿足하야

최멸일체외도이론
摧滅一切外道異論하나니라

원아능위일체중생　　연설삼세제불법
願我能爲一切衆生하야　演說三世諸佛法

해　　어일일법생기　　일일법의리　　일일법
海호대　於一一法生起와　一一法義理와　一一法

명언　　일일법안립　　일일법해설　　일일법
名言과　一一法安立과　一一法解說과　一一法

이른바 '원하오니 내가 일체 모든 부처님의 다함없는 법문을 얻어서 널리 중생들을 위하여 분별하고 해설하되, 모두 환희하여 마음에 만족을 얻게 하며 일체 외도의 다른 논리를 꺾어 멸하여지이다.'라고 한다.

'원하오니 내가 능히 일체 중생을 위하여 삼세 모든 부처님의 법바다를 연설하여지이다. 낱낱 법의 생기와 낱낱 법의 이치와 낱낱 법의 이름과 낱낱 법의 안립과 낱낱 법의 해설과 낱낱 법의 나타내 보임과 낱낱 법의 문호와 낱낱 법의 깨달아 들어감과 낱낱 법의 관찰과

현시　　일일법문호　　일일법오입　　일일법관
顯示와 **一一法門戶**와 **一一法悟入**과 **一一法觀**

찰　　일일법분위　　실득무변무진법장　　획
察과 **一一法分位**에 **悉得無邊無盡法藏**하며 **獲**

무소외　　구사변재　　광위중생　　분별해
無所畏하고 **具四辯才**하야 **廣爲衆生**하야 **分別解**

설　　궁미래제　　이무유진
說호대 **窮未來際**토록 **而無有盡**하니라

위욕령일체중생　　입승지원　　출생무애
爲欲令一切衆生으로 **立勝志願**하야 **出生無礙**

무류실변　　위욕령일체중생　　개생환
無謬失辯하며 **爲欲令一切衆生**으로 **皆生歡**

희
喜하니라

낱낱 법의 나누어진 지위에서 모두 가없고 다함없는 법장을 얻어 두려울 바 없음을 얻고, 네 가지 변재를 갖추어서 널리 중생들을 위하여 분별하여 해설하되 미래제가 다하도록 다함이 없어지이다.'라고 한다.

일체 중생으로 하여금 수승한 뜻과 원을 세워 걸림이 없고 그릇됨이 없는 변재를 내게 하려는 것이며, 일체 중생으로 하여금 다 환희를 내게 하려는 것이다.

일체 중생으로 하여금 일체 깨끗한 법의 광명을 성취하고 그 부류의 음성을 따라 끊임없

위욕령일체중생　　성취일체정법광명
爲欲令一切衆生으로 成就一切淨法光明하야

수기류음　　연설무단　　위욕령일체중생
隨其類音하야 演說無斷하며 爲欲令一切衆生으로

심신환희　　주일체지　　변료제법　　비무
深信歡喜하야 住一切智하고 辨了諸法하야 俾無

미혹
迷惑이니라

작시념언　　아당보어일체세계　　위제중
作是念言호대 我當普於一切世界에 爲諸衆

생　　정근수습　　득변법계무량자재신
生하야 精勤修習하야 得徧法界無量自在身하며

득변법계무량광대심　　구등법계무량청정
得徧法界無量廣大心하며 具等法界無量淸淨

이 연설케 하려는 것이며, 일체 중생으로 하여금 깊이 믿고 환희하여 일체지에 머물러서 모든 법을 분명히 알아 미혹함이 없게 하려는 것이다.

이 생각을 하여 말한다.

'내가 마땅히 널리 일체 세계에서 모든 중생들을 위하여 부지런히 닦아 익혀 법계에 두루한 한량없이 자재한 몸을 얻으며, 법계에 두루한 한량없이 광대한 마음을 얻으며, 법계와 동등한 한량없이 청정한 음성을 갖추며, 법계와 동등한 한량없는 대중이 모인 도량을 나타

음성　　　현등법계무량중회도량
音聲하며　現等法界無量衆會道場하니라

수등법계무량보살업　　득등법계무량보살
修等法界無量菩薩業하며　得等法界無量菩薩

주　　　증등법계무량보살평등　　학등법계
住하며　證等法界無量菩薩平等하며　學等法界

무량보살법　　주등법계무량보살행　　　입
無量菩薩法하며　住等法界無量菩薩行하며　入

등법계무량보살회향
等法界無量菩薩迴向이니라

시위보살마하살　이제선근　　이위회향
是爲菩薩摩訶薩이　以諸善根으로　而爲迴向이니

위령중생　　실득성취일체지고
爲令衆生으로　悉得成就一切智故니라

내리라.

법계와 동등한 한량없는 보살의 업을 닦으며, 법계와 동등한 한량없는 보살의 머무름을 얻으며, 법계와 동등한 한량없는 보살의 평등을 증득하며, 법계와 동등한 한량없는 보살의 법을 배우며, 법계와 동등한 한량없는 보살행에 머무르며, 법계와 동등한 한량없는 보살의 회향에 들어가리라.'

이것이 보살마하살이 모든 선근으로 회향함이니, 중생들로 하여금 일체지를 모두 성취함을 얻게 하기 위한 까닭이다.

불자 　보살마하살 　부이선근 　여시회
佛子야 菩薩摩訶薩이 復以善根으로 如是迴

향
向하나니라

소위위욕견등법계무량제불 　조복등법계
所謂爲欲見等法界無量諸佛하며 調伏等法界

무량중생 　주지등법계무량불찰 　증등
無量衆生하며 住持等法界無量佛刹하며 證等

법계무량보살지
法界無量菩薩智하나라

획등법계무량무소외 　성등법계무량제보
獲等法界無量無所畏하며 成等法界無量諸菩

살다라니 　등등법계무량제보살부사의
薩陀羅尼하며 得等法界無量諸菩薩不思議

주 　구등법계무량공덕 　만등법계무량
住하며 具等法界無量功德하며 滿等法界無量

불자들이여, 보살마하살이 다시 선근으로 이
와 같이 회향한다.

이른바 법계와 동등한 한량없는 모든 부처님
을 친견하며, 법계와 동등한 한량없는 중생들
을 조복하며, 법계와 동등한 한량없는 부처님
세계에 머무르며, 법계와 동등한 한량없는 보
살의 지혜를 증득하려 한다.

법계와 동등한 한량없는 두려울 바 없음을
얻으며, 법계와 동등한 한량없는 모든 보살들
의 다라니를 이루며, 법계와 동등한 한량없는
모든 보살들의 부사의한 머무름을 얻으며, 법
계와 동등한 한량없는 공덕을 갖추며, 법계와

이익중생선근
利益衆生善根이니라

우원이차선근고　영아득복덕평등　지혜
又願以此善根故로 令我得福德平等과 智慧

평등　역평등　무외평등　청정평등　자재
平等과 力平等과 無畏平等과 淸淨平等과 自在

평등　정각평등　설법평등　의평등　결정
平等과 正覺平等과 說法平等과 義平等과 決定

평등　일체신통평등　여시등법　개실원
平等과 一切神通平等하야 如是等法이 皆悉圓

만
滿하니라

여아소득　원일체중생　역여시득　여
如我所得하야 願一切衆生도 亦如是得하야 如

아무이
我無異니라

동등한 한량없는 중생들을 이익하게 하는 선근을 원만케 하려 한다.

또 원하기를, '이 선근으로 내가 복덕의 평등과 지혜의 평등과 힘의 평등과 두려움 없음의 평등과 청정함의 평등과 자재함의 평등과 바른 깨달음의 평등과 설법의 평등과 이치의 평등과 결정함의 평등과 일체 신통의 평등을 얻어서, 이와 같은 등 법이 모두 다 원만케 하여지이다.

내가 얻은 것처럼 원하오니 일체 중생도 또한 이와 같이 얻어서 나와 같아 다름이 없어지이다.'라고 한다.

불자 　 보살마하살 　 부이선근 　 여시회
佛子야 菩薩摩訶薩이 復以善根으로 如是迴

향
向하나니라

소위여법계무량 　 선근회향 　 역부여시 　 소
所謂如法界無量하야 善根迴向도 亦復如是하야 所

득지혜 　 종무유량 　 여법계무변 　 선근회
得智慧가 終無有量하며 如法界無邊하야 善根迴

향 　 역부여시 　 견일체불 　 무유기변
向도 亦復如是하야 見一切佛이 無有其邊하니라

여법계무한 　 선근회향 　 역부여시 　 예
如法界無限하야 善根迴向도 亦復如是하야 詣

제불찰 　 무유제한 　 여법계무제 　 선근
諸佛刹이 無有齊限하며 如法界無際하야 善根

회향 　 역부여시 　 어일체세계 　 수보살
迴向도 亦復如是하야 於一切世界에 修菩薩

불자들이여, 보살마하살이 다시 선근으로 이와 같이 회향한다.

이른바 법계가 한량이 없는 것처럼 선근의 회향도 또한 다시 이와 같아서 얻는 지혜가 마침내 한량이 없으며, 법계가 가없는 것처럼 선근의 회향도 또한 다시 이와 같아서 일체 부처님을 친견함이 그 끝이 없다.

법계가 제한이 없는 것처럼 선근의 회향도 또한 다시 이와 같아서 모든 부처님의 세계에 나아감이 제한이 없으며, 법계가 끝이 없는 것처럼 선근의 회향도 또한 다시 이와 같아서 일체 세계에서 보살행을 닦음이 끝이 없다.

행　무유애제
行이 無有涯際하니라

여법계무단　　선근회향　역부여시　　주일
如法界無斷하야 善根迴向도 亦復如是하야 住一

체지　　영부단절　　여법계일성　　선근회향
切智하야 永不斷絶하며 如法界一性하야 善根迴向도

역부여시　　여일체중생　　동일지성
亦復如是하야 與一切衆生으로 同一智性하니라

여법계자성청정　　선근회향　역부여시
如法界自性淸淨하야 善根迴向도 亦復如是하야

영일체중생　　구경청정　　여법계수순
令一切衆生으로 究竟淸淨하며 如法界隨順하야

선근회향　역부여시　　영일체중생　　실
善根迴向도 亦復如是하야 令一切衆生으로 悉

개수순보현행원
皆隨順普賢行願하니라

법계가 끊어짐이 없는 것처럼 선근의 회향도 또한 다시 이와 같아서 일체지에 머물러 영원히 단절함이 없으며, 법계가 한 성품인 것처럼 선근의 회향도 또한 다시 이와 같아서 일체 중생과 더불어 지혜의 성품이 동일하다.

법계의 자성이 청정한 것처럼 선근의 회향도 또한 다시 이와 같아서 일체 중생으로 하여금 끝까지 청정케 하며, 법계가 수순하는 것처럼 선근의 회향도 또한 다시 이와 같아서 일체 중생으로 하여금 모두 다 보현의 행원을 수순하게 한다.

법계가 장엄한 것처럼 선근의 회향도 또한

여법계장엄　　선근회향　　역부여시　　　영
如法界莊嚴하야 善根迴向도 亦復如是하야 令

일체중생　　이보현행　　이위장엄　　여법
一切衆生으로 以普賢行으로 而爲莊嚴하며 如法

계불가실괴　　선근회향　　역부여시　　　영
界不可失壞하야 善根迴向도 亦復如是하야 令

제보살　영불실괴제청정행
諸菩薩로 永不失壞諸淸淨行이니라

불자　보살마하살　부이차선근　　여시회
佛子야 菩薩摩訶薩이 復以此善根으로 如是迴

향
向하나니라

다시 이와 같아서 일체 중생으로 하여금 보현행으로 장엄하게 하며, 법계가 깨뜨릴 수 없는 것처럼 선근의 회향도 또한 다시 이와 같아서 모든 보살들로 하여금 모든 청정한 행을 영원히 깨뜨리지 않게 한다.

불자들이여, 보살마하살이 다시 이 선근으로 이와 같이 회향한다.

이른바 이 선근으로 일체 모든 부처님과 보살들을 받들어 섬겨서 다 환희케 하기를 원하며, 이 선근으로 일체지의 성품에 빨리 들어가

소위원이차선근　　　승사일체제불보살
所謂願以此善根으로 承事一切諸佛菩薩하야

개령환희　　　원이차선근　　　속득취입일체
皆令歡喜하며 願以此善根으로 速得趣入一切

지성　　　원이차선근　　　변일체처　　　수일체
智性하며 願以此善根으로 徧一切處하야 修一切

지　　　원이차선근　　　영일체중생　　　상득왕
智하며 願以此善根으로 令一切衆生으로 常得往

근일체제불
覲一切諸佛하니라

원이차선근　　　영일체중생　　　상견제불
願以此善根으로 令一切衆生으로 常見諸佛하야

능작불사　　　원이차선근　　　영일체중생
能作佛事하며 願以此善根으로 令一切衆生으로

항득견불　　　불어불사　　　생태만심　　　원이
恒得見佛하야 不於佛事에 生怠慢心하며 願以

기를 원하며, 이 선근으로 일체 처에 두루하여 일체지를 닦기를 원하며, 이 선근으로 일체 중생이 항상 일체 모든 부처님께 가서 뵙게 하기를 원한다.

이 선근으로 일체 중생이 항상 모든 부처님을 친견하고 능히 불사를 짓게 하기를 원하며, 이 선근으로 일체 중생이 항상 부처님을 친견하고 부처님 일에 태만한 마음을 내지 않게 하기를 원하며, 이 선근으로 일체 중생이 항상 부처님을 친견하고 마음이 기쁘고 청정하여 퇴전함이 없게 하기를 원한다.

이 선근으로 일체 중생이 항상 부처님을 친

차선근 영일체중생 상득견불 심희
此善根으로 令一切衆生으로 常得見佛하고 心喜

청정 무유퇴전
淸淨하야 無有退轉하니라

원이차선근 영일체중생 상득견불
願以此善根으로 令一切衆生으로 常得見佛하야

심선해료 원이차선근 영일체중생
心善解了하며 願以此善根으로 令一切衆生으로

상득견불 불생집착 원이차선근 영
常得見佛호대 不生執著하며 願以此善根으로 令

일체중생 상득견불 요달무애
一切衆生으로 常得見佛하야 了達無礙하니라

원이차선근 영일체중생 상득견불
願以此善根으로 令一切衆生으로 常得見佛하야

성보현행 원이차선근 영일체중생
成普賢行하며 願以此善根으로 令一切衆生으로

견하고 마음에 잘 이해하게 하기를 원하며,

이 선근으로 일체 중생이 항상 부처님을 친

견하되 집착을 내지 않게 하기를 원하며, 이

선근으로 일체 중생이 항상 부처님을 친견하

고 밝게 통달하여 걸림이 없게 하기를 원한

다.

이 선근으로 일체 중생이 항상 부처님을 친

견하고 보현행을 이루게 하기를 원하며, 이 선

근으로 일체 중생이 항상 모든 부처님이 그 앞

에 나타나 계심을 친견하고 잠시도 떠남이 없

게 하기를 원한다.

이 선근으로 일체 중생이 항상 모든 부처님

상견제불　　현재기전　　무시잠사
常見諸佛이 現在其前하야 無時暫捨하니라

원이차선근　　영일체중생　　상견제불　　출
願以此善根으로 令一切衆生으로 常見諸佛하야 出

생보살무량제력　　원이차선근　　영일체
生菩薩無量諸力하며 願以此善根으로 令一切

중생　　상견제불　　어일체법　　영불망실
衆生으로 常見諸佛하야 於一切法에 永不忘失이니라

불자　　보살마하살　　우이제선근　　여시회
佛子야 菩薩摩訶薩이 又以諸善根으로 如是廻

향
向하나니라

소위여법계무기성회향　　여법계근본성회
所謂如法界無起性迴向과 如法界根本性迴

을 친견하여 보살의 한량없는 모든 힘을 출생하게 하기를 원하며, 이 선근으로 일체 중생이 항상 모든 부처님을 친견하고 일체 법을 영원히 잊지 않게 하기를 원한다.

불자들이여, 보살마하살이 또 모든 선근으로 이와 같이 회향한다.

이른바 법계의 일어남이 없는 성품과 같이 회향하며, 법계의 근본 성품과 같이 회향하며, 법계의 자체 성품과 같이 회향하며, 법계의 의지함이 없는 성품과 같이 회향하며, 법계의 잊어버림이 없는 성품과 같이 회향한

향   여법계자체성회향   여법계무의성회
向과 **如法界自體性迴向**과 **如法界無依性迴**

향   여법계무망실성회향
向과 **如法界無忘失性迴向**이니라

여법계공무성회향   여법계적정성회향
如法界空無性迴向과 **如法界寂靜性迴向**과

여법계무처소성회향   여법계무천동성회
如法界無處所性迴向과 **如法界無遷動性迴**

향   여법계무차별성회향
向과 **如法界無差別性迴向**이니라

불자   보살마하살   부이법시   소유선시
佛子야 **菩薩摩訶薩**이 **復以法施**의 **所有宣示**와

다.

법계의 공하여 없는 성품과 같이 회향하며, 법계의 적정한 성품과 같이 회향하며, 법계의 처소가 없는 성품과 같이 회향하며, 법계의 옮기고 움직임이 없는 성품과 같이 회향하며, 법계의 차별이 없는 성품과 같이 회향한다.

불자들이여, 보살마하살이 다시 법보시의 있는 바 베풀어 보임과 있는 바 깨우침과 그리고 이것을 인하여 일어난 일체 선근으로 이와

소유개오　　급인차기　　일체선근　　　여시회
所有開悟와 **及因此起**한 **一切善根**으로 **如是迴**

향
向하나니라

소위원일체중생　　성보살법사　　　상위제불
所謂願一切衆生이 **成菩薩法師**하야 **常爲諸佛**

지소호념　　　원일체중생　　작무상법사
之所護念하며 **願一切衆生**이 **作無上法師**하야

방편안립일체중생어일체지　　원일체중생
方便安立一切衆生於一切智하며 **願一切衆生**이

작무굴법사　　　일체문난　　　막능궁진
作無屈法師하야 **一切問難**으로 **莫能窮盡**하나라

원일체중생　　작무애법사　　　득일체법무애
願一切衆生이 **作無礙法師**하야 **得一切法無礙**

광명　　　원일체중생　　작지장법사　　　능선
光明하며 **願一切衆生**이 **作智藏法師**하야 **能善**

같이 회향한다.

이른바 일체 중생이 보살 법사가 되어 항상 모든 부처님의 호념하시는 바가 되기를 원하며, 일체 중생이 위없는 법사가 되어 방편으로 일체 중생을 일체지에 나란히 있게 하기를 원하며, 일체 중생이 굽힘이 없는 법사가 되어 일체 질문에 능히 막힘이 없기를 원한다.

일체 중생이 걸림이 없는 법사가 되어 일체 법에 걸림이 없는 광명을 얻기를 원하며, 일체 중생이 지혜 창고의 법사가 되어 능히 선교로 일체 부처님의 법을 설하기를 원하며, 일체 중생이 모든 여래의 자재한 법사가 되어 여래의

교설일체불법　　원일체중생　　성제여래자
巧說一切佛法_{하며} 願一切衆生_이 成諸如來自

재법사　　선능분별여래지혜
在法師_{하야} 善能分別如來智慧_{하니라}

원일체중생　　작여안법사　　설여실법불유
願一切衆生_이 作如眼法師_{하야} 說如實法不由

타교　　원일체중생　　작억지일체불법법
他敎_{하며} 願一切衆生_이 作憶持一切佛法法

사　　여리연설　　불위구의　　원일체중생
師_{하야} 如理演說_{하야} 不違句義_{하며} 願一切衆生_이

작수행무상도법사　　이제묘상　　이자장
作修行無相道法師_{하야} 以諸妙相_{으로} 而自莊

엄　　방무량광　　선입제법
嚴_{하고} 放無量光_{하야} 善入諸法_{하니라}

원일체중생　　작대신법사　　기신　　보변일
願一切衆生_이 作大身法師_{하야} 其身_이 普徧一

지혜를 잘 능히 분별하기를 원한다.

일체 중생이 눈과 같은 법사가 되어 실상과 같은 법을 설하되 다른 이의 가르침을 말미암지 않기를 원하며, 일체 중생이 일체 불법을 기억하여 지니는 법사가 되어 이치대로 연설하고 문구와 뜻을 어기지 않기를 원하며, 일체 중생이 형상이 없는 도를 수행하는 법사가 되어 모든 묘한 모습으로 스스로 장엄하고 한량없는 광명을 놓아 모든 법에 잘 들어가기를 원한다.

일체 중생이 큰 몸의 법사가 되어 그 몸이 일체 국토에 널리 두루하여 큰 법구름을 일으켜

체국토 　　홍대법운 　　우제불법 　　원일체
切國土_{하야} 興大法雲_{하야} 雨諸佛法_{하며} 願一切

중생 　 작호법장법사 　　 건무승당 　　 호제
衆生_이 作護法藏法師_{하야} 建無勝幢_{하야} 護諸

불법 　 영정법해 　 무소결감
佛法_{하야} 令正法海_로 無所缺減_{하니라}

원일체중생 　　 작일체법일법사 　　 득불변
願一切衆生_이 作一切法日法師_{하야} 得佛辯

재 　　 교설제법 　　 원일체중생 　 작묘음방
才_{하야} 巧說諸法_{하며} 願一切衆生_이 作妙音方

편법사 　　 선설무변법계지장 　　 원일체중
便法師_{하야} 善說無邊法界之藏_{하며} 願一切衆

생 　 작도법피안법사 　　 이지신통 　　 개정
生_이 作到法彼岸法師_{하야} 以智神通_{으로} 開正

법장
法藏_{하니라}

모든 불법을 비내리기를 원하며, 일체 중생이 법장을 두호하는 법사가 되어 이길 이 없는 깃대를 세우고 모든 불법을 보호하여 바른 법 바다로 하여금 이지러짐이 없게 하기를 원한다.

일체 중생이 일체 법의 태양 법사가 되어 부처님의 변재를 얻어 모든 법을 공교하게 설하기를 원하며, 일체 중생이 미묘한 음성의 방편 법사가 되어 가없는 법계장을 잘 설하기를 원하며, 일체 중생이 법의 피안에 이른 법사가 되어 지혜의 신통으로 정법의 창고를 열기를 원한다.

원일체중생 작안주정법법사 연설여래
願一切衆生이 作安住正法法師하야 演說如來

구경지혜 원일체중생 작요달제법법
究竟智慧하며 願一切衆生이 作了達諸法法

사 능설무량무진공덕 원일체중생
師하야 能說無量無盡功德하며 願一切衆生이

작불광세간법사 능이방편 영입실제
作不誑世間法師하야 能以方便으로 令入實際하니라

원일체중생 작파제마중법사 선능각지
願一切衆生이 作破諸魔衆法師하야 善能覺知

일체마업 원일체중생 작제불소섭수법
一切魔業하며 願一切衆生이 作諸佛所攝受法

사 이아아소섭수지심 원일체중생
師하야 離我我所攝受之心하며 願一切衆生이

작안은일체세간법사 성취보살설법원
作安隱一切世間法師하야 成就菩薩說法願

일체 중생이 바른 법에 편안히 머무르는 법사가 되어 여래의 구경의 지혜를 연설하기를 원하며, 일체 중생이 모든 법을 밝게 통달하는 법사가 되어 한량없고 다함없는 공덕을 능히 설하기를 원하며, 일체 중생이 세간을 속이지 않는 법사가 되어 능히 방편으로써 실제에 들어가게 하기를 원한다.

일체 중생이 모든 마군의 무리들을 깨뜨리는 법사가 되어 일체 마군의 업을 잘 능히 알기를 원하며, 일체 중생이 모든 부처님께서 섭수해 주시는 법사가 되어 '나'와 '나의 것'에 거두는 마음을 여의기를 원하며, 일체 중생이

력
力이니라

불자　보살마하살　부이제선근　여시회
佛子야 菩薩摩訶薩이 復以諸善根으로 如是迴

향
向하나니라

소위불이취착업고　회향　불이취착보
所謂不以取著業故로 迴向하며 不以取著報

고　회향　불이취착심고　회향　불이
故로 迴向하며 不以取著心故로 迴向하며 不以

취착법고　회향　불이취착사고　회향
取著法故로 迴向하며 不以取著事故로 迴向하니라

불이취착인고　회향　불이취착어언음성
不以取著因故로 迴向하며 不以取著語言音聲

일체 세간을 안온하게 하는 법사가 되어 보살의 설법하는 원력을 성취하기를 원한다.

불자들이여, 보살마하살이 다시 모든 선근으로 이와 같이 회향한다.

이른바 업에 취착하는 까닭으로 회향함이 아니며, 과보에 취착하는 까닭으로 회향함이 아니며, 마음에 취착하는 까닭으로 회향함이 아니며, 법에 취착하는 까닭으로 회향함이 아니며, 일에 취착하는 까닭으로 회향함이 아니다.

인에 취착하는 까닭으로 회향함이 아니며, 말과 음성에 취착하는 까닭으로 회향함이 아

고　회향　　불이취착명구문신고　회향
故로 迴向하며 不以取著名句文身故로 迴向하며

불이취착회향고　회향　　불이취착이익중
不以取著迴向故로 迴向하며 不以取著利益衆

생고　회향
生故로 迴向이니라

불자　보살마하살　부이선근　　여시회
佛子야 菩薩摩訶薩이 復以善根으로 如是迴

향
向하나니라

소위불위탐착색경계고　회향　불위탐착
所謂不爲耽著色境界故로 迴向하며 不爲耽著

니며, 단어와 문구와 글자에 취착하는 까닭으로 회향함이 아니며, 회향에 취착하는 까닭으로 회향함이 아니며, 중생을 이익케 함에 취착하는 까닭으로 회향함이 아니다.

불자들이여, 보살마하살이 다시 선근으로 이와 같이 회향한다.

이른바 색의 경계에 탐착하는 까닭으로 회향함이 아니며, 소리와 향기와 맛과 감촉과 법의 경계에 탐착하는 까닭으로 회향함이 아니며, 하늘에 태어나기를 구하는 까닭으로 회향함

성향미촉법경계고　회향　불위구생천고
聲香味觸法境界故로 迴向하며 不爲求生天故로

회향　불위구욕락고　회향　불위착욕
迴向하며 不爲求欲樂故로 迴向하며 不爲著欲

경계고　회향
境界故로 迴向하나라

불위구권속고　회향　불위구자재고　회
不爲求眷屬故로 迴向하며 不爲求自在故로 迴

향　불위구생사락고　회향　불위착생
向하며 不爲求生死樂故로 迴向하며 不爲著生

사고　회향　불위락제유고　회향　불위
死故로 迴向하며 不爲樂諸有故로 迴向하며 不爲

구화합락고　회향
求和合樂故로 迴向하나라

불위구가락착처고　회향　불위회독해심
不爲求可樂著處故로 迴向하며 不爲懷毒害心

이 아니며, 욕락을 구하는 까닭으로 회향함이 아니며, 욕심의 경계에 집착하는 까닭으로 회향함이 아니다.

권속을 구하는 까닭으로 회향함이 아니며, 자재함을 구하는 까닭으로 회향함이 아니며, 생사의 낙을 구하는 까닭으로 회향함이 아니며, 생사에 집착하는 까닭으로 회향함이 아니며, 모든 유를 즐기는 까닭으로 회향함이 아니며, 화합의 즐거움을 구하는 까닭으로 회향함이 아니다.

즐겨 집착할 곳을 구하는 까닭으로 회향함이 아니며, 독으로 해하려는 마음을 품은 까

고　회향　　　불괴선근고　회향　　　불의삼계
故로 迴向하며 不壞善根故로 迴向하며 不依三界

고　회향　　　불착제선해탈삼매고　회향
故로 迴向하며 不著諸禪解脫三昧故로 迴向하며

부주성문벽지불승고　회향
不住聲聞辟支佛乘故로 迴向하니라

단위교화조복일체중생고　회향　　단위성
但爲敎化調伏一切衆生故로 迴向하며 但爲成

만일체지지고　회향　　단위득무애지고
滿一切智智故로 迴向하며 但爲得無礙智故로

회향
迴向하니라

단위득무장애청정선근고　회향　　단위령
但爲得無障礙淸淨善根故로 迴向하며 但爲令

닭으로 회향함이 아니며, 선근을 파괴하려는 까닭으로 회향함이 아니며, 삼계에 의지하려는 까닭으로 회향함이 아니며, 모든 선정과 해탈과 삼매에 집착하는 까닭으로 회향함이 아니며, 성문이나 벽지불의 승에 머물려는 까닭으로 회향함이 아니다.

다만 일체 중생을 교화하고 조복하기 위한 까닭으로 회향하며, 다만 일체지의 지혜를 만족하기 위한 까닭으로 회향하며, 다만 걸림 없는 지혜를 얻기 위한 까닭으로 회향한다.

다만 장애가 없고 청정한 선근을 얻기 위한

일체중생　　　초출생사　　　증대지혜고　　회
一切衆生_{으로} 超出生死_{하야} 證大智慧故_로 迴

향　　　단위령대보리심　　　여금강불가괴고
向_{하며} 但爲令大菩提心_{으로} 如金剛不可壞故_로

회향
迴向_{하니라}

단위성취구경불사법고　　회향　　단위이무
但爲成就究竟不死法故_로 迴向_{하며} 但爲以無

량장엄　　　장엄불종성　　　시현일체지자재
量莊嚴_{으로} 莊嚴佛種性_{하야} 示現一切智自在

고　　회향　　　단위구보살일체법명대신통지
故_로 迴向_{하며} 但爲求菩薩一切法明大神通智

고　　회향
故_로 迴向_{하니라}

단위어진법계허공계일체불찰　　행보현
但爲於盡法界虛空界一切佛刹_에 行普賢

까닭으로 회향하며, 다만 일체 중생으로 하여
금 생사에서 벗어나 큰 지혜를 증득케 하기
위한 까닭으로 회향하며, 다만 큰 보리심이 금
강과 같아서 깨뜨릴 수 없게 하기 위한 까닭으
로 회향한다.

다만 구경에 죽지 않는 법을 성취하기 위한
까닭으로 회향하며, 다만 한량없는 장엄으로
부처님의 종성을 장엄하여 일체지의 자재함을
나타내 보이기 위한 까닭으로 회향하며, 다만
보살의 일체 법에 밝은 큰 신통과 지혜를 구하
기 위한 까닭으로 회향한다.

다만 온 법계와 허공계의 일체 부처님 세계

행　　원만불퇴　　피견고대원개　　영일체
行하야 圓滿不退하야 被堅固大願鎧하고 令一切

중생　　주보현지고　　회향
衆生으로 住普賢地故로 迴向하나라

단위진미래겁　　도탈중생　　상무휴식　　시
但爲盡未來劫토록 度脫衆生호대 常無休息하야 示

현일체지지무애광명　　항부단고　　회향
現一切智地無礙光明하야 恒不斷故로 迴向이니라

불자　　보살마하살　　이피선근회향시　　이여
佛子야 菩薩摩訶薩이 以彼善根迴向時에 以如

시심회향
是心迴向하나니라

에서 보현행을 행하여 원만하며 물러나지 않고, 견고한 큰 서원의 갑옷을 입고, 일체 중생으로 하여금 보현의 지위에 머무르게 하기 위한 까닭으로 회향한다.

다만 미래겁이 다하도록 중생들을 제도하여 해탈케 하되 항상 쉬지 아니하며 일체지의 지위에서 걸림 없는 광명을 나타내 보여 항상 끊어지지 않게 하기 위한 까닭으로 회향한다.

불자들이여, 보살마하살이 저 선근으로 회향할 때에 이와 같은 마음으로 회향한다.

소위이본성평등심회향　　이법성평등심회

所謂以本性平等心迴向하며 以法性平等心迴

향　　이일체중생무량평등심회향　　이무

向하며 以一切衆生無量平等心迴向하며 以無

쟁평등심회향　　이자성무소기평등심회

諍平等心迴向하며 以自性無所起平等心迴

향

向하니라

이지제법무란심회향　　이입삼세평등심회

以知諸法無亂心迴向하며 以入三世平等心迴

향　　이출생삼세제불종성심회향　　이득

向하며 以出生三世諸佛種性心迴向하며 以得

불퇴실신통심회향　　이생성일체지행심회

不退失神通心迴向하며 以生成一切智行心迴

향

向하니라

이른바 본 성품이 평등한 마음으로 회향하며, 법의 성품이 평등한 마음으로 회향하며, 일체 중생의 한량없이 평등한 마음으로 회향하며, 다툼이 없는 평등한 마음으로 회향하며, 자성이 일어남이 없이 평등한 마음으로 회향한다.

모든 법이 어지러움이 없음을 아는 마음으로 회향하며, 삼세가 평등함에 들어가는 마음으로 회향하며, 삼세 모든 부처님의 종성을 출생하는 마음으로 회향하며, 물러나지 않는 신통을 얻는 마음으로 회향하며, 일체지의 행을 생성하는 마음으로 회향한다.

우위령일체중생　　영리일체지옥고　　회
又爲令一切衆生_{으로}　永離一切地獄故_로　迴

향　　위령일체중생　　불입축생취고　　회
向_{하며}　爲令一切衆生_{으로}　不入畜生趣故_로　迴

향　　위령일체중생　　불왕염라왕처고
向_{하며}　爲令一切衆生_{으로}　不往閻羅王處故_로

회향
迴向_{하니라}

위령일체중생　　제멸일체장도법고　　회
爲令一切衆生_{으로}　除滅一切障道法故_로　迴

향　　위령일체중생　　만족일체선근고
向_{하며}　爲令一切衆生_{으로}　滿足一切善根故_로

회향　　위령일체중생　　능응시전법륜
迴向_{하며}　爲令一切衆生_{으로}　能應時轉法輪_{하야}

영일체환희고　　회향
令一切歡喜故_로　迴向_{하니라}

또 일체 중생이 일체 지옥을 영원히 여의게 하기 위한 까닭으로 회향하며, 일체 중생이 축생의 갈래에 들어가지 않게 하기 위한 까닭으로 회향하며, 일체 중생이 염라왕의 처소에 가지 않게 하기 위한 까닭으로 회향한다.

일체 중생이 일체 도를 장애하는 법을 멸하여 없애게 하기 위한 까닭으로 회향하며, 일체 중생이 일체 선근을 만족케 하기 위한 까닭으로 회향하며, 일체 중생이 능히 때에 응하여 법륜을 굴리어 일체를 환희케 하기 위한 까닭으로 회향한다.

일체 중생이 십력의 바퀴에 들어가게 하기

위령일체중생　　입십력륜고　　회향　　　위
爲令一切衆生으로 入十力輪故로 迴向하며　爲

령일체중생　　만족보살무변청정법원고
令一切衆生으로 滿足菩薩無邊淸淨法願故로

회향　　위령일체중생　　수순일체선지식
迴向하며 爲令一切衆生으로 隨順一切善知識

교　　　보리심기　　득만족고　　회향
敎하야 菩提心器가 得滿足故로 迴向하니라

위령일체중생　　수지수행심심불법　　　득
爲令一切衆生으로 受持修行甚深佛法하야　得

일체불지광명고　　회향　　위령일체중생
一切佛智光明故로 迴向하며 爲令一切衆生으로

수제보살무장애행　　상현전고　　회향
修諸菩薩無障礙行하야 常現前故로 迴向하며

위령일체중생　　상견제불　현기전고　　회
爲令一切衆生으로 常見諸佛이 現其前故로 迴

위한 까닭으로 회향하며, 일체 중생이 보살의 가없는 청정한 법의 원을 만족케 하기 위한 까닭으로 회향하며, 일체 중생이 일체 선지식의 가르침을 수순하여 보리심의 그릇이 만족함을 얻게 하기 위한 까닭으로 회향한다.

일체 중생이 매우 깊은 불법을 받아 지녀 수행하여 일체 부처님의 지혜 광명을 얻게 하기 위한 까닭으로 회향하며, 일체 중생이 모든 보살들의 장애 없는 행을 닦아서 앞에 항상 나타나게 하기 위한 까닭으로 회향하며, 일체 중생이 모든 부처님께서 그 앞에 나타나심을 항상 보게 하기 위한 까닭으로 회향한다.

향
向하니라

위령일체중생　　　청정법광명　　상현전고
爲令一切衆生으로 淸淨法光明이 常現前故로

회향　　　위령일체중생　　　무외대보리심
迴向하며 爲令一切衆生으로 無畏大菩提心이

상현전고　　회향
常現前故로 迴向하니라

위령일체중생　　　보살부사의지　　상현전고
爲令一切衆生으로 菩薩不思議智가 常現前故로

회향　　　위령일체중생　　　보구호중생　　　영
迴向하며 爲令一切衆生으로 普救護衆生하야 令

청정대비심상현전고　　회향
淸淨大悲心常現前故로 迴向하니라

위령일체중생　　　이불가설불가설승묘장엄
爲令一切衆生으로 以不可說不可說勝妙莊嚴

일체 중생이 청정한 법의 광명이 항상 앞에 나타나게 하기 위한 까닭으로 회향하며, 일체 중생이 두려움이 없는 큰 보리심이 항상 앞에 나타나게 하기 위한 까닭으로 회향한다.

일체 중생이 보살의 부사의한 지혜가 항상 앞에 나타나게 하기 위한 까닭으로 회향하며, 일체 중생이 중생을 널리 구호하여 청정한 대비심이 항상 앞에 나타나게 하기 위한 까닭으로 회향한다.

일체 중생이 말할 수 없이 말할 수 없는 수 승하고 미묘한 장엄거리로 일체 모든 부처님 세계를 장엄케 하기 위한 까닭으로 회향하며,

구　　장엄일체제불찰고　　회향　　위령일체
具로 莊嚴一切諸佛刹故로 迴向하며 爲令一切

중생　　최멸일체중마투쟁나망업고　　회
衆生으로 摧滅一切衆魔鬪諍羅網業故로 迴

향
向하나라

위령일체중생　　어일체불찰　　개무소의
爲令一切衆生으로 於一切佛刹에 皆無所依하야

수보살행고　　회향　　위령일체중생　　발일
修菩薩行故로 迴向하며 爲令一切衆生으로 發一

체종지심　　입일체불법광대문고　　회향
切種智心하야 入一切佛法廣大門故로 迴向이니라

불자　　보살마하살　　우이차선근　　정념청
佛子야 菩薩摩訶薩이 又以此善根으로 正念淸

일체 중생이 일체 온갖 마군의 투쟁하는 그물의 업을 없애게 하기 위한 까닭으로 회향한다.

일체 중생이 일체 부처님 세계에서 모두 의지하는 바 없이 보살행을 닦게 하기 위한 까닭으로 회향하며, 일체 중생이 일체종지의 마음을 내어 일체 부처님 법의 광대한 문에 들어가게 하기 위한 까닭으로 회향한다.

불자들이여, 보살마하살이 또 이 선근으로 바른 생각이 청정함으로 회향하며, 지혜가 결정함으로 회향하며, 일체 부처님 법의 방편을 다 앎으로 회향한다.

정회향　　　지혜결정회향　　　진지일체불법
淨迴向하며　智慧決定迴向하며　盡知一切佛法

방편회향
方便迴向하나라

위성취무량무애지고　　회향　　위욕만족청
爲成就無量無礙智故로　迴向하며　爲欲滿足淸

정수승심고　　회향
淨殊勝心故로　迴向하나라

위일체중생　　주대자고　　회향　　위일체
爲一切衆生하야　住大慈故로　迴向하며　爲一切

중생　　주대비고　　회향　　위일체중생
衆生하야　住大悲故로　迴向하며　爲一切衆生하야

주대희고　　회향　　위일체중생　　주대사
住大喜故로　迴向하며　爲一切衆生하야　住大捨

고　　회향
故로　迴向하나라

한량없고 걸림 없는 지혜를 성취하기 위한 까닭으로 회향하며, 청정하고 수승한 마음을 만족하려는 까닭으로 회향한다.

일체 중생을 위하여 대자에 머무르는 까닭으로 회향하며, 일체 중생을 위하여 대비에 머무르는 까닭으로 회향하며, 일체 중생을 위하여 대희에 머무르는 까닭으로 회향하며, 일체 중생을 위하여 대사에 머무르는 까닭으로 회향한다.

두 가지 집착을 길이 여의고 수승한 선근에 머무르기 위한 까닭으로 회향하며, 일체 연기법을 사유하고 관찰하고 분별하여 연설하기

위영리이착　　　주승선근고　　회향　　　위사
爲永離二著_{하야} 住勝善根故_로 迴向_{하며} 爲思

유관찰분별연설일체연기법고　　　회향　　　위
惟觀察分別演說一切緣起法故_로 迴向_{하며} 爲

립대용맹당심고　　회향　　　위립무능승당장
立大勇猛幢心故_로 迴向_{하며} 爲立無能勝幢藏

고　　회향　　위파제마중고　　회향
故_로 迴向_{하며} 爲破諸魔衆故_로 迴向_{하니라}

위득일체법청정무애심고　　　회향　　　위수일
爲得一切法淸淨無礙心故_로 迴向_{하며} 爲修一

체보살행　　불퇴전고　　회향　　위득락구
切菩薩行_{하야} 不退轉故_로 迴向_{하며} 爲得樂求

제일승법심고　　회향　　위득락구제공덕
第一勝法心故_로 迴向_{하며} 爲得樂求諸功德

법　자재청정　일체지지심고　　회향
法_의 自在淸淨_한 一切智智心故_로 迴向_{하니라}

위한 까닭으로 회향하며, 크게 용맹한 깃대의 마음을 세우기 위한 까닭으로 회향하며, 이길 수 없는 깃대의 창고를 세우기 위한 까닭으로 회향하며, 모든 마군의 무리들을 깨뜨리기 위한 까닭으로 회향한다.

일체 법에 청정하고 걸림 없는 마음을 얻기 위한 까닭으로 회향하며, 일체 보살행을 닦아 퇴전하지 않기 위한 까닭으로 회향하며, 제일 수승한 법을 즐거이 구하는 마음을 얻기 위한 까닭으로 회향하며, 모든 공덕의 법에 자재하고 청정한 일체지의 지혜를 즐거이 구하는 마음을 얻기 위한 까닭으로 회향한다.

위만일체원　　제일체쟁　　득불자재무애
爲滿一切願하고 除一切諍하야 得佛自在無礙

청정법　　위일체중생　　전불퇴법륜고　　회
淸淨法하고 爲一切衆生하야 轉不退法輪故로 迴

향　　　위득여래최상수승법지혜일　　백천
向하며 爲得如來最上殊勝法智慧日하야 百千

광명지소장엄　　보조일체법계중생고　　회
光明之所莊嚴으로 普照一切法界衆生故로 迴

향
向하니라

위욕조복일체중생　　수기소락　　상령만
爲欲調伏一切衆生하야 隨其所樂하야 常令滿

족　　불사본원　　진미래제　　청문정법
足호대 不捨本願하야 盡未來際토록 聽聞正法하고

수습대행　　득정지혜이구광명　　단제일
修習大行하야 得淨智慧離垢光明하야 斷除一

일체 원을 만족하며 일체 투쟁을 없애고 부처님의 자재하고 걸림 없는 청정한 법을 얻어 일체 중생을 위하여 물러나지 않는 법륜을 굴리기 위한 까닭으로 회향하며, 여래의 최상인 수승한 법과 지혜의 태양을 얻어서 백천 광명의 장엄한 바로 일체 법계의 중생을 널리 비추기 위한 까닭으로 회향한다.

일체 중생을 조복하고 그 즐기는 바를 따라 항상 만족케 하되 본래의 서원을 버리지 않고 미래제가 다하도록 바른 법을 듣고 큰 행을 닦아 익히며, 청정한 지혜의 때가 없는 광명을 얻어 일체 교만을 끊어 없애고 일체 번뇌를 소

체교만　　　소멸일체번뇌　　　열애욕망　　　파
切憍慢하고　消滅一切煩惱하며　裂愛欲網하고　破

우치암　　　구족무구무장애법고　회향
愚癡闇하야　具足無垢無障礙法故로　迴向하니라

위일체중생　　어아승지겁　　상근수습일
爲一切衆生하야　於阿僧祇劫에　常勤修習一

체지행　　　무유퇴전　　　일일영득무애묘
切智行하야　無有退轉하야　一一令得無礙妙

혜　　시현제불자재신통　　무유휴식고　회
慧하고　示現諸佛自在神通하야　無有休息故로　迴

향
向이니라

불자　보살마하살　이제선근　　여시회향
佛子야　菩薩摩訶薩이　以諸善根으로　如是迴向

멸하며, 애욕의 그물을 찢고 우치의 어둠을 깨뜨려서 때가 없고 장애가 없는 법을 구족하기 위한 까닭으로 회향한다.

일체 중생이 아승지겁 동안 일체 지혜의 행을 항상 부지런히 닦아 익혀서 퇴전하지 않으며, 낱낱이 걸림 없는 묘한 지혜를 얻고 모든 부처님의 자재한 신통을 나타내 보여 쉬는 일이 없게 하기 위한 까닭으로 회향한다.

불자들이여, 보살마하살이 모든 선근으로 이와 같이 회향할 때에 마땅히 삼유와 오욕의 경계를 탐착하지 않아야 한다.

시   불응탐착삼유오욕경계
時에 不應貪著三有五欲境界니라

하이고
何以故오

보살마하살   응이무탐선근회향   응이무
菩薩摩訶薩이 應以無貪善根迴向하며 應以無

진선근회향   응이무치선근회향   응이
瞋善根迴向하며 應以無癡善根迴向하며 應以

불해선근회향
不害善根迴向하니라

응이이만선근회향   응이불첨선근회향
應以離慢善根迴向하며 應以不諂善根迴向하며

응이질직선근회향   응이정근선근회향
應以質直善根迴向하며 應以精勤善根迴向하며

응이수습선근회향
應以修習善根迴向이니라

무슨 까닭인가?

보살마하살은 마땅히 탐욕이 없는 선근으로 회향하며, 마땅히 성냄이 없는 선근으로 회향하며, 마땅히 어리석음이 없는 선근으로 회향하며, 마땅히 해치지 않는 선근으로 회향해야 한다.

마땅히 교만을 여읜 선근으로 회향하며, 마땅히 아첨하지 않는 선근으로 회향하며, 마땅히 질직한 선근으로 회향하며, 마땅히 정근하는 선근으로 회향하며, 마땅히 닦아 익히는 선근으로 회향해야 한다.

불자　　보살마하살　　여시회향시　　득정신
佛子야 菩薩摩訶薩이 如是迴向時에 得淨信

심　　　어보살행　　환희인수　　수습청정대
心하야 於菩薩行에 歡喜忍受하야 修習淸淨大

보살도　　구불종성　　득불지혜
菩薩道하며 具佛種性하야 得佛智慧하나라

사일체악　　이중마업　　친근선우　　성이
捨一切惡하야 離衆魔業하며 親近善友하야 成已

대원　　청제중생　　설대시회
大願하며 請諸衆生하야 設大施會니라

불자　　보살마하살　　부이차법시　　소생선
佛子야 菩薩摩訶薩이 復以此法施의 所生善

불자들이여, 보살마하살이 이와 같이 회향
할 때에 깨끗한 신심을 얻고 보살의 행을 기
쁘게 받아들이며, 청정한 큰 보살의 도를 닦
아 익혀 부처님의 종성을 갖추어 부처님의 지
혜를 얻는다.

일체 악을 버리고 온갖 마군의 업을 여의며,
선우를 친근하여 큰 원을 이루고서는, 모든 중
생들을 청하여 크게 보시하는 법회를 베푼다.

불자들이여, 보살마하살이 다시 이 법보시로
생긴 선근으로써 이와 같이 회향한다.

근　　　여시회향
根으로 如是迴向하나니라

소위영일체중생　　　득정묘음　　　득유연음
所謂令一切衆生으로 得淨妙音하며 得柔軟音하며

득천고음　　　득무량무수부사의음
得天鼓音하며 得無量無數不思議音하나니라

득가애락음　　　득청정음　　　득주변일체
得可愛樂音하며 得淸淨音하며 得周徧一切

불찰음　　　득백천나유타불가설공덕장엄
佛刹音하며 得百千那由他不可說功德莊嚴

음
音하나니라

득고원음　　　득광대음　　　득멸일체산란
得高遠音하며 得廣大音하며 得滅一切散亂

이른바 일체 중생으로 하여금 깨끗하고 미묘한 음성을 얻으며, 부드러운 음성을 얻으며, 하늘 북의 소리를 얻으며, 한량없고 수없고 부사의한 음성을 얻게 한다.

사랑스러운 음성을 얻으며, 청정한 음성을 얻으며, 일체 부처님 세계에 두루하는 음성을 얻으며, 백천 나유타 말할 수 없는 공덕으로 장엄한 음성을 얻게 한다.

높고 멀리 가는 음성을 얻으며, 광대한 음성을 얻으며, 일체 산란함을 없애는 음성을 얻으며, 법계에 충만한 음성을 얻으며, 일체 중생의 말을 거두어 취하는 음성을 얻게 한다.

음　　득충만법계음　　득섭취일체중생어언
音하며　得充滿法界音하며　得攝取一切衆生語言

음
音하나라

득일체중생무변음성지　　득일체청정어언
得一切衆生無邊音聲智하며　得一切淸淨語言

음성지　　득무량어언음성지　　득최자재
音聲智하며　得無量語言音聲智하며　得最自在

음　　입일체음성지
音으로　入一切音聲智하나라

득일체청정장엄음　　득일체세간무염족
得一切淸淨莊嚴音하며　得一切世間無厭足

음　　득구경불계속일체세간음　　득환희
音하며　得究竟不繫屬一切世間音하며　得歡喜

음　　득불청정어언음　　득설일체불법
音하며　得佛淸淨語言音하며　得說一切佛法에

일체 중생의 가없는 음성의 지혜를 얻으며, 일체 청정한 말과 음성의 지혜를 얻으며, 한량없는 말과 음성의 지혜를 얻으며, 가장 자재한 음성으로 일체 음성에 들어가는 지혜를 얻게 한다.

일체 청정하게 장엄한 음성을 얻으며, 일체 세간에서 만족하여 싫어함이 없는 음성을 얻으며, 끝까지 일체 세간에 얽매어 속하지 않는 음성을 얻으며, 환희한 음성을 얻으며, 부처님의 청정한 말씀의 음성을 얻으며, 일체 불법을 설하여 어리석음의 가림을 멀리 여의어서 명칭이 널리 들리는 음성을 얻게 한다.

일체 중생으로 하여금 일체 법다라니의 장엄

원리치예　　명칭보문음
遠離癡翳하야 名稱普聞音하니라

득령일체중생　　득일체법다라니장엄음
得令一切衆生으로 得一切法陀羅尼莊嚴音하며

득설일체무량종법음　　득보지법계무량중
得說一切無量種法音하며 得普至法界無量衆

회도량음
會道場音하니라

득보섭지불가사의법금강구음　　득개시
得普攝持不可思議法金剛句音하며 得開示

일체법음　　득능설불가설자구차별지장
一切法音하며 得能說不可說字句差別智藏

음
音하니라

득연설일체법무소착부단음　　득일체법광
得演說一切法無所著不斷音하며 得一切法光

한 음성을 얻으며, 일체 한량없는 종류의 법을 설하는 음성을 얻으며, 법계의 한량없는 대중이 모인 도량에 널리 이르는 음성을 얻게 한다.

불가사의한 법을 널리 거두어 지니는 금강 같은 문구의 음성을 얻으며, 일체 법을 열어 보이는 음성을 얻으며, 말할 수 없는 글자와 문구의 차별을 능히 설하는 지혜장의 음성을 얻게 한다.

일체 법을 연설하되 집착이 없고 끊이지 않는 음성을 얻으며, 일체 법의 광명이 비치는 음성을 얻으며, 능히 일체 세간으로 하여금 구경에 청정하여 일체지에 이르는 음성을 얻게 한다.

명조요음　　득능령일체세간　　청정구경
明照耀音하며 **得能令一切世間**으로 **清淨究竟**하야

지어일체지음
至於一切智音하니라

득보섭일체법구의음　　득신력호지자재무
得普攝一切法句義音하며 **得神力護持自在無**

애음　　득도일체세간피안지음
礙音하며 **得到一切世間彼岸智音**하니라

우이차선근　　영일체중생　　득불하열음
又以此善根으로 **令一切衆生**으로 **得不下劣音**하며

득무포외음　　득무염착음
得無怖畏音하며 **得無染著音**하니라

득일체중회도량환희음　　득수순미묘음
得一切衆會道場歡喜音하며 **得隨順美妙音**하며

득선설일체불법음
得善說一切佛法音하니라

일체 법의 문구와 뜻을 널리 거두는 음성을 얻으며, 위신력으로 보호하고 유지하여 자재하고 걸림 없는 음성을 얻으며, 일체 세간의 피안에 이르는 지혜의 음성을 얻게 한다.

또 이 선근으로써 일체 중생으로 하여금 하열하지 않은 음성을 얻으며, 두려움이 없는 음성을 얻으며, 물들어 집착함이 없는 음성을 얻게 한다.

일체 대중이 모인 도량의 환희하는 음성을 얻으며, 수순하는 아름답고 미묘한 음성을 얻으며, 일체 불법을 잘 연설하는 음성을 얻게 한다.

득단일체중생의념　　개령각오음　　득구
得斷一切衆生疑念하야 皆令覺悟音하며 得具

족변재음　　득보교오일체중생장야수면
足辯才音하며 得普覺悟一切衆生長夜睡眠

음
音이니라

불자　　보살마하살　　부이제선근　　여시회
佛子야 菩薩摩訶薩이 復以諸善根으로 如是迴

향
向하나니라

소위원일체중생　　득리중과악청정법신
所謂願一切衆生이 得離衆過惡淸淨法身하며

일체 중생의 의심하는 생각을 끊어 모두 깨
닫게 하는 음성을 얻으며, 변재를 구족한 음
성을 얻으며, 일체 중생의 긴 세월에 오랜 잠
을 널리 깨우는 음성을 얻게 한다.

불자들이여, 보살마하살이 다시 모든 선근으
로 이와 같이 회향한다.

이른바 일체 중생이 온갖 허물을 여읜 청정
한 법신을 얻기를 원하며, 일체 중생이 온갖
허물을 여읜 깨끗하고 묘한 공덕을 얻기를 원
하며, 일체 중생이 온갖 허물을 여읜 청정하

원일체중생 득리중과악정묘공덕 원일
願一切衆生이 得離衆過惡淨妙功德하며 願一

체중생 득리중과악청정묘상 원일체중
切衆生이 得離衆過惡淸淨妙相하며 願一切衆

생 득리중과악청정업과
生이 得離衆過惡淸淨業果하나라

원일체중생 득리중과악청정일체지심
願一切衆生이 得離衆過惡淸淨一切智心하며

원일체중생 득리중과악무량청정보리
願一切衆生이 得離衆過惡無量淸淨菩提

심 원일체중생 득리중과악요지제근청
心하며 願一切衆生이 得離衆過惡了知諸根淸

정방편
淨方便하나라

원일체중생 득리중과악청정신해 원일
願一切衆生이 得離衆過惡淸淨信解하며 願一

고 미묘한 상을 얻기를 원하며, 일체 중생이 온갖 허물을 여읜 청정한 업의 과보를 얻기를 원한다.

일체 중생이 온갖 허물을 여읜 청정한 일체지의 마음을 얻기를 원하며, 일체 중생이 온갖 허물을 여읜 한량없이 청정한 보리심을 얻기를 원하며, 일체 중생이 온갖 허물을 여의고 모든 근을 밝게 아는 청정한 방편을 얻기를 원한다.

일체 중생이 온갖 허물을 여읜 청정한 믿음과 이해를 얻기를 원하며, 일체 중생이 온갖 허물을 여의고 걸림 없는 행을 부지런히 닦는

체 중 생　　득 리 중 과 악 청 정 근 수 무 애 행 원
切衆生이 得離衆過惡淸淨勤修無礙行願하며

원 일 체 중 생　　득 리 중 과 악 청 정 정 념 지 혜 변
願一切衆生이 得離衆過惡淸淨正念智慧辯

재
才니라

불 자　　보 살 마 하 살　　부 이 제 선 근　　　위 일 체
佛子야 菩薩摩訶薩이 復以諸善根으로 爲一切

중 생　　　여 시 회 향　　　원 득 종 종 청 정 묘 신
衆生하야 如是迴向하야 願得種種淸淨妙身하나니라

소 위 광 명 신　　이 탁 신　　무 염 신　　청 정 신　　극
所謂光明身과 離濁身과 無染身과 淸淨身과 極

청정한 원을 얻기를 원하며, 일체 중생이 온갖 허물을 여의고 청정한 바른 생각과 지혜와 변재를 얻기를 원한다.

불자들이여, 보살마하살이 다시 모든 선근으로 일체 중생을 위하여 이와 같이 회향하면서 갖가지 청정하고 묘한 몸을 얻기를 원한다.

이른바 광명의 몸과 흐림을 여읜 몸과 물들지 않은 몸과 청정한 몸과 지극히 청정한 몸과 티끌을 여읜 몸과 지극히 티끌을 여읜 몸과 때가 없는 몸과 사랑스러운 몸과 장애가

청정신   이진신   극이진신   이구신   가애
清淨身과 離塵身과 極離塵身과 離垢身과 可愛

락신   무장애신
樂身과 無障礙身이라

어일체세계   현제업상   어일체세간   현
於一切世界에 現諸業像하며 於一切世間에 現

언설상   어일체궁전   현안립상   여정
言說像하며 於一切宮殿에 現安立像호대 如淨

명경   종종색상   자연현현   시제중생대
明鏡에 種種色像이 自然顯現하야 示諸衆生大

보리행   시제중생심심묘법
菩提行하며 示諸衆生甚深妙法하나라

시제중생종종공덕   시제중생수행지도
示諸衆生種種功德하며 示諸衆生修行之道하며

시제중생성취지행   시제중생보살행원
示諸衆生成就之行하며 示諸衆生菩薩行願하나라

없는 몸이다.

일체 세계에 모든 업의 영상을 나타내며, 일체 세간에 말하는 영상을 나타내며, 일체 궁전에 나란히 건립하는 영상을 나타내되, 깨끗하고 밝은 거울에 갖가지 색상이 자연히 나타나는 것과 같이 모든 중생들에게 큰 보리의 행을 보이며, 모든 중생들에게 매우 깊고 묘한 법을 보인다.

모든 중생들에게 갖가지 공덕을 보이며, 모든 중생들에게 수행하는 도를 보이며, 모든 중생들에게 성취하는 행을 보이며, 모든 중생들에게 보살의 행과 원을 보인다.

시제중생어일세계일체세계　불흥어세
示諸衆生於一世界一切世界에 佛興於世하며

시제중생일체제불신통변화　시제중생일
示諸衆生一切諸佛神通變化하며 示諸衆生一

체보살불가사의해탈위력　시제중생성만
切菩薩不可思議解脫威力하며 示諸衆生成滿

보현보살행원일체지성
普賢菩薩行願一切智性이니라

보살마하살　이여시등미묘정신　방편
菩薩摩訶薩이 以如是等微妙淨身으로 方便

섭취일체중생　실령성취청정공덕일체
攝取一切衆生하야 悉令成就清淨功德一切

지신
智身이니라

모든 중생들에게 한 세계에서 일체 세계의 부처님께서 세상에 출현하심을 보이며, 모든 중생들에게 일체 모든 부처님의 신통과 변화를 보이며, 모든 중생들에게 일체 보살의 불가사의한 해탈과 위력을 보이며, 모든 중생들에게 보현 보살의 행과 원을 원만히 성취하는 일체지의 성품을 보인다.

보살마하살이 이와 같은 등 미묘하고 깨끗한 몸으로써 방편으로 일체 중생을 거두어 취하여 모두 청정한 공덕과 일체 지혜의 몸을 성취케 한다.

불자　보살마하살　부이법시　소생선근
佛子야 菩薩摩訶薩이 復以法施의 所生善根으로

여시회향
如是迴向하나니라

원신　수주일체세계　수보살행　중생
願身이 隨住一切世界하야 修菩薩行이어든 衆生

견자　개실불허　발보리심　영무퇴
見者가 皆悉不虛하야 發菩提心하야 永無退

전　순진실의　불가경동　어일체세계
轉하고 順眞實義하야 不可傾動하며 於一切世界에

진미래겁　주보살도　이무피염　대비
盡未來劫토록 住菩薩道호대 而無疲厭하야 大悲

균보　양동법계　지중생근　응시설
均普하야 量同法界하며 知衆生根하야 應時說

법　상불휴식
法호대 常不休息하나니라

불자들이여, 보살마하살이 다시 법보시로 생긴 선근으로 이와 같이 회향한다.

'원컨대 몸이 일체 세계를 따라 머무르면서 보살의 행을 닦으면 중생들이 보는 자가 모두 다 헛되지 아니하고 보리심을 내어 영원히 퇴전함이 없으며, 진실한 이치를 수순하여 움직일 수 없으며, 일체 세계에서 미래겁이 다하도록 보살도에 머무르되 피로하고 싫어함이 없으며, 대비가 고르고 넓어서 양이 법계와 같으며, 중생들의 근성을 알고 때를 맞추어 법을 설하기를 항상 쉬지 않아지이다.

선지식을 마음이 항상 바르게 생각하되 내지

어선지식　　심상정념　　내지불사일찰나
於善知識에　心常正念호대　乃至不捨一刹那

경　　　일체제불　　상현재전　　　심상정념
頃하며　一切諸佛이　常現在前이어든　心常正念호대

미증잠해　　수제선근　　무유허위　　치제
未曾暫懈하고　修諸善根하야　無有虛僞하며　置諸

중생어일체지　　영불퇴전　　구족일체불
衆生於一切智하야　令不退轉하며　具足一切佛

법광명　　지대법운　　수대법우　　수보살
法光明하며　持大法雲하고　受大法雨하야　修菩薩

행
行하니라

입일체중생　　입일체불찰　　입일체제법
入一切衆生하며　入一切佛刹하며　入一切諸法하며

입일체삼세　　입일체중생업보지
入一切三世하며　入一切衆生業報智하니라

한 찰나 사이라도 버리지 아니하며, 일체 모든 부처님께서 항상 앞에 나타나시면 마음이 항상 바르게 생각하되 일찍이 잠깐도 게으르지 아니하고, 모든 선근을 닦아서 거짓이 없으며, 모든 중생들을 일체지에 두어서 퇴전하지 않게 하며, 일체 부처님의 법 광명을 구족하여 큰 법구름을 지니고 큰 법의 비를 받아서 보살의 행을 닦아지이다.

일체 중생에게 들어가며, 일체 부처님 세계에 들어가며, 일체 모든 법에 들어가며, 일체 삼세에 들어가며, 일체 중생의 업보의 지혜에 들어가지이다.

입일체보살선교방편지　　입일체보살출생
入一切菩薩善巧方便智하며 入一切菩薩出生

지　　입일체보살청정경계지　　입일체불
智하며 入一切菩薩淸淨境界智하며 入一切佛

자재신통　　입일체무변법계　　어차안주
自在神通하며 入一切無邊法界하야 於此安住하야

수보살행
修菩薩行이니라

〈大方廣佛華嚴經 卷第三十二〉

일체 보살의 선교방편 지혜에 들어가며, 일체 보살의 출생하는 지혜에 들어가며, 일체 보살의 청정한 경계의 지혜에 들어가며, 일체 부처님의 자재한 신통에 들어가며, 일체 가없는 법계에 들어가서, 여기에 편안히 머물러 보살의 행을 닦아지이다.'라고 한다."

〈대방광불화엄경 제32권〉

大方廣佛華嚴經
부록

•

대방광불화엄경 목차

•

간행사

대방광불화엄경
목차

간 행 사

　귀의삼보 하옵고,

『대방광불화엄경』의 수지 독송과 유통을 발원하면서 수미정사 불전연구원에서 『독송본 한문·한글역 대방광불화엄경』과 『사경본 한글역 대방광불화엄경』을 편찬하여 간행하게 되었습니다.

『화엄경』은 우리나라에 전래된 이래 일찍부터 사경되고 주석·강설되어 왔으며 근현대에 이르러서는 『화엄경』의 한글 번역과 연구도 부쩍 많이 이루어졌습니다. 그만큼 『화엄경』이 우리 불자님들의 신행과 해탈에 큰 의지처가 되었던 것임을 알 수 있습니다.

『화엄경』을 독송하고 사경하는 공덕은 설법 공덕과 함께 크게 강조되어 왔습니다. 그리하여 수미정사 불전연구원에서도 『화엄경』(80권)을 독송하고 사경하는 데 도움이 되도록 한문 원문과 한글역을 함께 수록한 독송본과 한글역의 사경본 『화엄경』 간행불사를 발원하였습니다. 이 『화엄경』 간행불사에 뜻을 같이하여 적극 후원해주신 스님들과 재가 불자님들께 깊이 감사드립니다. 또한 『화엄경』을 수지 독송할 수 있도록 경책의 모습으로 장엄해 주신 편집위원들과 담앤북스 출판사 관계자들께도 고마움을 표합니다.

　끝으로 이 불사의 원만 회향으로 『화엄경』이 널리 유통되고, 온 법계에 부처님의 가피가 충만하시길 기원드립니다.

　나무 대방광불화엄경

불기 2564년 '부처님오신날'을 봉축하며
수미해주 합장

위태천신(동진보살)

수미해주 須彌海住

동국대학교 명예교수
중앙승가대학교 법인이사
대한불교조계종 수미정사 주지

독송본 한문·한글역
대방광불화엄경 제32권

| **초판 1쇄 발행**_ 2023년 1월 24일

| **엮은이**_ 수미해주
| **엮은곳**_ 수미정사 불전연구원
| **편집위원**_ 해주 수정 경진 선초 정천 석도 박보람 최원섭
| **편집보**_ 무이 무진 지욱 혜명

| **펴낸이**_ 오세룡
| **펴낸곳**_ 담앤북스
　　　　서울특별시 종로구 새문안로3길 23 경희궁의 아침 4단지 805호
　　　　대표전화 02)765-1251　전자우편 damnbooks@hanmail.net
　　　　출판등록 제300-2011-115호
| ISBN_ 979-11-6201-386-1　04220

정가 15,000원
ⓒ 수미해주 2023